Gedanken aus der Fülle des Lebens

Ausgewählte Lebensweisheiten

3. Auflage April 2015

© Alle Rechte vorbehalten.
Das Werk darf – auch teilweise – nur
mit Genehmigung der Autorin
wiedergegeben werden.

Umschlaggestaltung & Layout:

Birgit Johanna Frantzen,
Gerrit Garbereder

Zeichnungen:
Birgit Johanna Frantzen

www.Starke-Einfaelle.de

Herstellung und Verlag:
Books on Demand GmbH, Norderstedt.
Printed in Germany

ISBN   9-783-7347-4450-1

Inhaltsverzeichnis

Besinnung und Innehalten.................7

Menschenkenntnis...........................14

Einzigartigkeit des Menschen 15

Lebensweg........................18

Mensch sein....................20

Äußerlichkeiten 22

Sympathien.....................25

Lebenseinstellungen 27

Bildung und Weisheit......................31

Beruf...............34

Charakter........................36

Fehler.............41

Freundschaft...................43

Eigenwilliges...................47

Freude und Frohsinn *49*

Träume und Phantasien *51*

Verlust *54*

Lebensanschauung 57

Erkenntnisse *70*

Humor *82*

Ruhm, Macht und Reichtum *85*

Alter *91*

Reisen 96

Natur 99

Gedanken aus der Fülle des Lebens

Besinnung und Innehalten

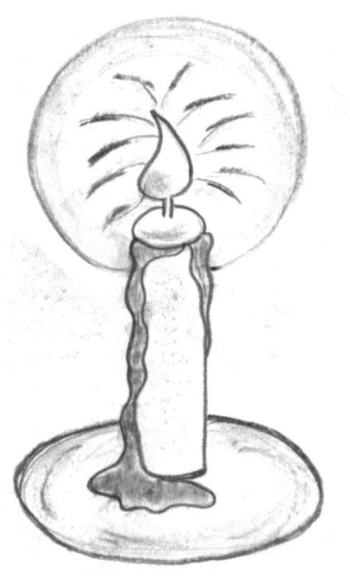

Besinnung und Innehalten

In der Weite des Himmels
ziehen Wolken. Meine Gedanken
schweifen durch sie hindurch.

Meine Gefühle - sie tauchen ein
in Melancholie und steigen empor
im Rausch der Gefühle.

***

Es ist gut, Lebensweisheiten
im Kopf zu haben.
Noch wichtiger ist es,
sie zu Papier zu bringen,
damit sie den Menschen
zuteilwerden können.

***

Die Gabe dichten zu können,
ist ein Geschenk des Lebens,
welche nicht ungenutzt
verkümmern sollte.

***

Besinnung und Innehalten

Kreativität zeichnet sich gerne
durch äußerste Lebhaftigkeit aus.

***

Deiner kreativen Schaffenskraft
solltest du freien Lauf lassen.
Du wirst überrascht sein,
was in dir steckt und aus dir
heraus entstehen kann.

***

Alles, was aus deinem tiefsten
Inneren heraussprudelt,
halte es fest.
Lasse es für dich zu einer
wunderbaren Erinnerung werden.

***

Nicht jeder schafft es
aus einer Idee heraus
etwas zu bewegen.

***

Besinnung und Innehalten

Aus dem Beginn des Morgens mit all
seiner Frische, Klarheit und Stille
solltest du deine positiven Gedanken
und die nötige Kraft für dich
und den neuen Tag schöpfen.

***

Stelle dir in Vollendung vor,
was du dir wünschst und
du wirst sehen - es geschieht.

***

Versuche an dich selbst zu glauben,
denn ein fester Glaube macht stark
und gibt Kraft.

***

Deine Gedanken kann dir niemand
rauben, doch wäre es manchmal
reizvoll, die der anderen lesen zu
können.

***

Besinnung und Innehalten

Ehe du über andere urteilst, gehe in dich und versuche dich selbst zu ergründen.

***

Einen Traum solltest du immer
in dir tragen, auch wenn er sich
nicht erfüllen lässt, kann alleine der
Gedanke an ihn dich beglücken.

***

Wer es schafft durch Entspannung von Körper, Geist und Seele in sich zu gehen, schöpft aus sich selbst Kraft und Energie für neue Taten.

***

Folge deinen inneren Impulsen.
Sie bereiten dir neue Wege und
bringen dir wichtige Erkenntnisse.

***

Besinnung und Innehalten

Visionen mit tiefer, innerer
Überzeugung besitzen
ein gewaltiges Potential
an positiver Energie.

***

Triff weitreichende Entscheidungen
erst, wenn sie gut durchdacht und
mindestens zweimal überschlafen sind.

***

Lege deine Wünsche in Gottes Hand,
nur er alleine hat die Macht
sie dir zu erfüllen.

***

Gehe am Abend eines Tages an
einen stillen Ort, schließe deine Augen,
kehre in dich und werde dir deiner
Ruhe und Gelassenheit bewusst.

***

Besinnung und Innehalten

Kreativität und Schaffenskraft
finden ihre höchste Entfaltung,
wenn du mit Körper, Geist und Seele
im Einklang bist. Nur so kannst du
deine inneren Kräfte aktivieren,
um zu deiner Mitte zu finden.

***

Geheimnisse können etwas
Wundervolles sein, wenn du in
gepflegtem Maße damit umzugehen
weißt.

****

Gedanken aus der Fülle des Lebens

Menschenkenntnis

Gedanken aus der Fülle des Lebens

Einzigartigkeit des Menschen

Einzigartigkeit des Menschen

Jeder Mensch ist einzigartig.

Einzigartig ist auch das,
was jeden Menschen in seiner Art
des Seins, Handelns und Denkens
ausmacht.

Jeder Mensch hat etwas an sich,
etwas, das ihn in Bezug auf andere
Menschen unvergleichbar
erscheinen lässt.

Unvergleichbar
in seinem Inneren und Äußeren,
in seinem Weinen und Lachen,
in seiner Mimik und Gestik,
in seinen Schwächen und Stärken.

Einzigartigkeit des Menschen

Die Einzigartigkeit eines Menschen
ist gerade das Wunderbare.
Das Wunderbare, dass es ihn in
seiner Art wirklich nur einmal gibt.

Aus dieser Einmaligkeit heraus
entstehen und wachsen
Freundschaften, die selbst
in Höhen und Tiefen
ihre Bande erhalten und sich nicht
aus den Augen verlieren können;
meist über Jahrzehnte,
wenn nicht gar bis an ein
Lebensende.

***

Gedanken aus der Fülle des Lebens

Lebensweg

Lebensweg

Der Mensch -
über Jahrzehnte wird er geprägt
hinweg durch Raum und Zeit
durch Lebensumstände und
Erfahrungen, die sich im Verlauf
seines Lebens ergeben.

Jeder Mensch geht im Leben
seinen individuellen Weg.
Eingeschlagene Wege
tragen in sich einen Sinn.
Sie sind für ihn vorbestimmt und
bringen ihm wichtige Erkenntnisse.

Wege trennen Menschen und
führen sie zusammen,
doch der wichtigste Weg im Leben
ist der Weg der Selbsterkenntnis.

***

Gedanken aus der Fülle des Lebens

Mensch sein

Mensch sein

Nur Mensch sein
Freiheit besitzen
Gedanken äußern
Gefühle zeigen
Hände reichen.
Sich verständigen
Akzeptiert werden
Grenzenlos sein
Mut besitzen
Helfen wollen
Leben und Glauben tolerieren
Frieden bewahren
Liebe schenken

Mensch sein können.

*****

Gedanken aus der Fülle des Lebens

Äußerlichkeiten

Äußerlichkeiten

Es gibt Menschen, die vermögen
alleine mit ihren Augen
das auszudrücken, was andere
in Worte kleiden können.

***

Die Reife eines Menschen ist es,
die aus den Falten des Gesichts
eine Geschichte werden lässt.

***

So mancher chirurgische Eingriff
zur Erlangung des Schönheitsideals
ließe sich glatt vermeiden, wenn der
Mensch so viel Selbstvertrauen und
Selbstsicherheit besitzen würde,
um alleine durch seine innere Stärke
den realen Selbstwert zu erkennen.

***

Äußerlichkeiten

Das weibliche Geschlecht hat dem männlichen gegenüber einen gewissen Vorteil, es kann sich dank perfekter Schminkkunst zu einem attraktiven Aussehen verhelfen.

***

Ungeschminkt betrachtet hat ein Mann jedoch sehr gute Chancen, wenn er sich dessen bewusst wird, dass wahre Schönheit nur von innen kommen kann.

*****

Gedanken aus der Fülle des Lebens

Sympathien

Sympathien

Es gibt Menschen, die dir weit weniger Sympathien entgegenbringen, als du es dir wünschst und erhoffst – egal, wichtig ist einzig und alleine, dass wenigstens du in der Lage bist, deine Mitmenschen zu lieben.

***

Sensible Menschen bedürfen keiner großen Worte, um ihre Mitmenschen zu verstehen.
Da reichen alleine schon die Blicke in die Augen des Gegenübers.

*****

Gedanken aus der Fülle des Lebens

Lebenseinstellungen

Lebenseinstellungen

Bei allem Respekt vor großen
„Persönlichkeiten"; es reicht
vollkommen aus allen Menschen
unabhängig ihres gesellschaftlichen
Ranges alleine mit Höflichkeit und
Anstand zu begegnen. Bedenke -
Gott benötigt für die Erschaffung
eines jeden Menschen gleich
viel Kraft und Aufwand.

***

Individualität ist das Beste, was der
Mensch sich bewahren kann und
sollte.

***

Kaum etwas wirkt überzeugender auf
deine Mitmenschen als ihnen zu
zeigen, dass du zu dir und deinem Sein
einen festen Standpunkt vertrittst.

***

Lebenseinstellungen

Die wenigsten Menschen schaffen es
mit ihrer inneren und äußeren Welt
eins zu werden.

***

Jeder Mensch hat die Möglichkeit aus
sich das zu machen, was er sich selbst
wert ist.

***

Der Mensch lebt gerne nach seinen
Vorbildern, nur immer das richtige zu
finden, ist reine Glückssache.

***

Ein befreiendes Lachen zeigt
deine lebensbejahende Einstellung,
es unterstützt deine Gesundheit
und sorgt für die gute Laune deiner
Mitmenschen.

***

Lebenseinstellungen

Der Mensch kann sich seine innere
und äußere Zufriedenheit erhalten,
indem er durch Abstand seine
Freiräume bewahrt.

***

Behaupte stets der zu sein,
der du bist.
Gebe nur zu das zu besitzen,
was dir tatsächlich gehört.
Gegenüber anderen äußere das,
was du wirklich an Wissen besitzt.
Teile die Erfahrung, die du
in der Tat hast machen können.
Zeige deine Liebe erst,
wenn du wirklich lieben kannst.

*****

Gedanken aus der Fülle des Lebens

Bildung und Weisheit

Bildung und Weisheit

Die wahre Bildung eines Menschen erkennst du in der Ausgewogenheit zwischen seinem Wissen und Können, sowie seinen Umgangsformen und Höflichkeiten.

***

Nur wenige Menschen haben etwas gemeinsam, aber das was sie verbindet, ist der Ausdruck ihrer Stärke.

***

Jeder Mensch hat seine Art des Seins und sein individuelles Maß an Intelligenz.

***

Wichtig ist, dass der Mensch nicht nur mit der Fülle des Körpers, sondern auch mit dem Geist etwas zu bewegen vermag.

***

Bildung und Weisheit

In der Reife des Menschen liegt die
Macht der Erfahrung und der Weisheit.

***

Was nützt es dem Menschen all sein
Wissen und Können nachzuweisen,
wenn es ihm nach außen hin an
Vielseitigkeit mangelt.

***

Kritik entsteht, weil Menschen in der
Vorstellung der anderen Eindrücke
hinterlassen, die deren Ansicht nach
überdacht und geändert werden
sollten.

***

Jeder Mensch hat die Chance
an seinen Erfahrungen zu wachsen.
Entweder wird er dadurch groß
und mächtig oder er bleibt klein
und unscheinbar.

*****

Gedanken aus der Fülle des Lebens

Beruf

Beruf

Sind die Menschen durch ihre
Unersättlichkeit erst einmal
an der Spitze angelangt,
klappen entweder das System
oder sie selbst zusammen.

***

Manche Menschen werden zur
Marionette ihres Jobs.

***

Menschen, die ihr Leben nur mit
Arbeit ausfüllen können, versäumen
es, sich selbst zu verwirklichen.

***

Schätze dich glücklich, wenn zum
Beginn deiner Taten deine Euphorie
durch Widerstände gemindert wird -
umso mehr lernst du den Wert
deines späteren Erfolges zu schätzen.

*****

Gedanken aus der Fülle des Lebens

Charakter

Charakter

Nach außen teilen nur die Menschen
aus, die nach innen einstecken
müssen.

***

Undankbarkeit ist das Taktloseste,
was der Mensch gegen andere
richten kann.

***

Jeder Mensch wird durch seine
Lebenserfahrung geprägt und
letztendlich sind Charakter und Sein
das Spiegelbild dessen.

***

Treue, Freundschaft und
Hilfsbereitschaft sind Tugenden
die in der heutigen Zeit leider immer
seltener werden, umso kostbarer ist es
Menschen zu treffen, die dieses noch
zu schätzen und zu achten wissen.

***

Charakter

Wenn du glaubst, die Lebens- und Verhaltensweisen anderer Menschen kopieren zu müssen, verleugnest du deine wahre Identität und du verlierst damit deine Einzigartigkeit.

***

Menschen, die ein gesundes Verhältnis zur Menschheit haben, bewahren sich ihren klaren, realen Verstand sowie ihre unverfälschte Urteilsfähigkeit.

***

Je gezwungener sich ein Mensch gibt, umso mehr Komplexe hat er aufzuweisen.

***

Menschen, die sehr vorwitzig sind, versuchen in Wirklichkeit nur ihre Verletzlichkeit zu verbergen.

***

Charakter

Respekt und Achtung einander
sind Tugenden, die jeder Mensch
beherrschen sollte, unabhängig
des gesellschaftlichen Ranges.

***

Jeder Mensch sollte sich so geben wie
er ist und zu dem stehen, was er kann.

***

Toleranz ist ein äußerst wertvoller Zug
im Menschen. Nur leider wird er immer
seltener.

***

Jeder ist auch nur so viel Mensch,
wie er Mensch sein kann.

***

Charakter

Neid und Missgunst sind eindeutig Schwächen desjenigen, der sie anderen gegenüber zeigt.

***

Ein Mensch ist und wird nur mit dem interessant, was er individuell aufzuweisen hat und darzustellen vermag.

***

Menschen, die ihre Überheblichkeit nach außen demonstrieren, zeigen nur ihre Fassade und versuchen damit ihr wahres Ich zu verbergen.

*****

Gedanken aus der Fülle des Lebens

Fehler

Fehler

Nicht nur Menschen haben Fehler,
auch Bücher neigen zuweilen dazu.

***

Kleine Fehler gehören zum Alltag,
größere solltest du dir und deinen
Mitmenschen verzeihen können,
schwere müssen allerdings der Beichte
zum Opfer fallen.

*****

Gedanken aus der Fülle des Lebens

Freundschaft

Freundschaft

Freundschaft -
gemeinsam Wege beschreiten,
Gedanken austauschen,
füreinander da sein,
Freude bereiten,
gemeinsam weinen und lachen.

***

Es gibt nichts Wertvolleres und
Bereicherndes als tiefe, innige
Freundschaft.

***

Wahre Freundschaften solltest du
nicht nur pflegen, sondern
auch hüten wie ein Juwel,
denn sie sind unbezahlbar.

***

Echte Freundschaften überleben nicht
nur Höhen und Tiefen, sondern
Jahrzehnte.

***

Freundschaft

Im Zeitalter der Moderne hat der
Konsum einen weit höheren
Stellenwert eingenommen, als die
Pflege verlässlicher Freundschaften.

***

Ohne Brücken würden in der Natur
Täler, Schluchten und Flüsse zu
unüberwindbaren Hürden.
Auch du als Mensch besitzt die Kraft
in dir Brücken zu bauen.
Brücken, die Feindschaften beenden
und Freundschaften schließen
können. – Nutze sie!

***

Freundschaft

Nimm deine Mitmenschen ernst,
behandle sie mit Fairness und
Ehrlichkeit, denn erst der Gewinn
deines Vertrauens lässt in dir einen
echten Freund erkennen.
Bedenke bei all deinem Handeln und
Tun, dass nur wahre Freundschaften
einen entscheidenden Anteil an der
Zufriedenheit deines Lebens haben.

*****

Gedanken aus der Fülle des Lebens

Eigenwilliges

Eigenwilliges

Ist es nicht die Ironie des Schicksals,
dass mancher normale Mensch
bereits dem Wahnsinn verfallen ist,
die Verrückten aber glauben,
das Normalste der Welt zu sein.

***

Witzige Menschen werden oftmals von
ihren Mitmenschen missverstanden,
da ihre Gedanken und Ideen doch
wohl auf anderen Bahnen reifen.

***

Wenn du vor lauter Ernsthaftigkeit
keine Verrücktheit mehr zulässt, dann
ist es an der Zeit, dass du wieder
Mensch wirst.

***

Kleinere Geheimnisse machen den
Menschen oftmals sehr neugierig,
größere sogar wahnsinnig.

*****

Gedanken aus der Fülle des Lebens

Freude und Frohsinn

Freude und Frohsinn

Wenn die Menschen wieder lernen
würden sich an Kleinigkeiten zu
erfreuen, würden sie größere Gaben
weit mehr zu schätzen wissen.

***

Nichts wirkt auf deine Mitmenschen
ansteckender, als die Fröhlichkeit und
Ausgeglichenheit, die aus dir heraus
nach außen dringt.

***

Je weniger du von deinen
Mitmenschen erwartest,
umso größer ist deine Freude
über die Menschen, die dir etwas
zuteilwerden lassen, mit dem du
am allerwenigsten gerechnet hast.

*****

Gedanken aus der Fülle des Lebens

Träume und Phantasien

Träume und Phantasien

Menschen, die nicht mehr träumen
können, haben etwas Bezauberndes
verloren – die Kunst der Phantasie!

***

Träume –
denn deine Träume verkörpern
deine Sehnsucht.
Deine Sehnsucht spiegelt sich in
deinen Gedanken.
Gedanken entstehen aus
Begegnungen heraus.
Begegnungen geschehen,
unvorbereitet –
und sind doch kein Zufall.

***

Ein Mensch, der bis ins hohe Alter
eine reichhaltige Phantasie besitzt,
hat sich im Herzen immer
seine Kindheit bewahren können.

***

Träume und Phantasien

Träume sind verschlüsselte Botschaften dessen, was wir erlebt haben oder wir uns wünschen.

*****

Gedanken aus der Fülle des Lebens

Verlust

Verlust

Auch wenn der Mensch vergänglich ist, so bleibt der ein oder andere doch nachhaltig seinen Mitmenschen in Erinnerung.

***

Menschen, die im Alter auf ein glückliches, zufriedenes und erfülltes Leben zurückblicken können, werden auch nach ihrem Tod noch positive Energien freisetzen.

***

Auch wenn durch den Tod eines dir nahestehenden Menschen ein Teil von dir stirbt, öffnet sich in dir bald ein neues Tor.

***

Der Verlust eines geliebten Menschen kann dir fast den Verstand rauben.

***

Verlust

Menschen, die ohne schlechtes
Gewissen über Leichen gehen können,
sollten bedenken, dass sich alle im
Himmel wieder begegnen werden.

***

Die Spuren, die ein Mensch
nach seinem Ableben hinterlässt,
sind meist gewaltiger, als die
zu seinen Lebzeiten.

*****

Gedanken aus der Fülle des Lebens

Lebensanschauung

Lebensanschauung

Stein auf Stein
füllt sich das Leben
in einzelnen Stationen
mit Erfahrung, Wissen
und Weisheit.

***

In der ersten Hälfte des Lebens
ist der Mensch fast ausschließlich
damit beschäftigt, an sich selbst zu
reifen. Durch Lernen und Erfahrungen
erlangt er Bildung und Praxis.

***

In der zweiten Hälfte des Lebens
vergeht die Zeit wohl deshalb doppelt
so schnell, weil der Mensch glaubt,
das Erlernte der ersten Lebenshälfte
um ein Vielfaches mehr zu
praktizieren.

***

Lebensanschauung

Dankbarkeit gehört zu den
unerlässlichen Werten, die
der Mensch sich bewahren sollte.
Dies zu pflegen und durch
nachfolgende Generationen bewusst zu
erhalten, ist ein unschätzbarer
Bestandteil des Lebens.

***

Ein gewisser Eigennutz
gehört zum Leben.
Nur auf das richtige Maß
kommt es an.

***

Humor ist das, was das Leben ergänzt
und verschönert.

***

Betrachte Schicksalsschläge als
Herausforderung und Chance
dein Leben zu ändern.

***

Lebensanschauung

Das Leben ist alleine schon deshalb
einzigartig, weil es so wunderbare
Überraschungen für dich bereithält.

***

Fähigkeiten, die dir als Genialität mit
in die Wiege gelegt wurden, haben eine
andere Bedeutsamkeit als die,
die du dir im Laufe deines Lebens
hast aneignen können.

***

Gestalte dein Leben so, dass es dir
und deiner Seele gut tut.
Das, was dir deine Energie raubt
und dich negativ belastet,
halte von dir fern.

***

Lebensanschauung

Das Leben ist zu kostbar um es mit sinnloser Zeit und Energie zu vertun. Nutze das, was dir selber etwas bringt und nicht, was du aus reiner Pflichterfüllung glaubst vollbringen zu müssen.

***

Alles was du im Leben wagst zu vollbringen, lasse es geschehen.

***

Das Leben ist dazu da,
um an Enttäuschungen und
Glückseligkeiten zu reifen.

***

Mit Humor lässt sich das Leben langfristig weitaus sinnvoller gestalten.

***

Lebensanschauung

Das Leben wäre viel zu langweilig, gäbe
es nicht unzählige Überraschungen.

***

Unerwartete Ereignisse gehören im
Leben dazu. Es liegt an dir selbst,
was du daraus werden lässt.

***

Das Leben ist so vielfältig,
darum lasse jede Überraschung
offen in dein Herz hinein.

***

Es geschehen in deinem Leben oftmals
Dinge, die du einfach in dir aufnehmen
solltest ohne auch nur im Mindesten
über den weiteren Werdegang
nachzudenken.

***

Lebensanschauung

Das Leben ist variabel, so wie der
Mensch und sein Gedankengut.

***

Widme dich lieber Taten und
Freuden, die dich bereichern,
damit du nicht die herrlichen Seiten
des Lebens verpasst.

***

Auch in einer langjährigen
Partnerschaft ist es wichtig, dass du
dich ernst nimmst und selbst nicht
aus den Augen verlierst, um deinem
Leben gerecht zu werden.

***

Ein Leben mit Kapriolen und Humor
gepaart ist an Idealität nicht mehr zu
überbieten.

***

Lebensanschauung

Von irgendetwas müssen
Entschuldigungen leben,
ansonsten hätte Ausreden
wohl ihren Sinn verfehlt.

***

Einer, der bereits zu Lebzeiten
von sich reden macht, hat die Chance
an dem positiven wie negativen Verlauf
seines Aufsehens teilhaben zu können.

***

Nimm das Leben so an wie es ist
und mache nach deinen Regeln
das Beste daraus.

***

Es gibt im Leben Dinge, die müssen
unausgesprochen bleiben und in
Gedanken verweilen.

***

Lebensanschauung

Wenn du allen schwierigen Situationen
versuchst aus dem Weg zu gehen,
wirst du niemals die nötige Reife
erlangen, die zur Bewältigung deines
Lebens unerlässlich ist.

***

Es ist weitaus wichtiger im Leben die
Dinge mit Freude als nur mit Eifer
anzugehen.

***

Die Versuchung ist oftmals
so groß und verlockend, dass
das nachfolgende Bedauern
kaum noch zu überbieten ist.

***

Lasse dich nicht davon abhalten
bereits zu Lebzeiten ein Zeichen
zu setzen.
Verwirkliche dich selbst!

***

Lebensanschauung

Menschen, die flexibel mit ihrem Leben
umzugehen wissen,
steht die Welt offen.

***

Es gibt nichts, was nicht zu retten ist,
nur solltest du beizeiten mit einer
geeigneten Rettungsmaßnahme
beginnen.

***

Die Kunst des Lebens ist,
die Menschen so anzunehmen
wie sie sind und sie so zu akzeptieren,
wie sie es wünschen zu leben.

***

In deinem Leben solltest du nichts
unversucht lassen, denn jeder Versuch
lohnt sich.

***

Lebensanschauung

Harte Kämpfe und Rückschläge sind
Stationen des Lebens, um dieses mit
jedem Wenn und Aber kennen zu
lernen.

***

Im Leben sind viele Wege mehr als nur
beschwerlich; es liegt an uns selbst,
wie und auf welche Art wir sie
meistern können und wollen.

***

Ein hoher Lebensstandard ist
bei Weitem kein Garant für ein
glückliches und zufriedenes Leben.

***

In der zweiten Lebenshälfte besitzt
der Mensch oftmals eine Spontanität,
die Aktivitäten zur Folge haben,
für die es keine Erklärung gibt.

***

Lebensanschauung

Der Mensch lernt sein ganzes Leben
lang, doch täte er gut daran,
auch sich selbst zu ergründen.

***

Das Leben füllt sich mit Dingen, die du
bewusst und gewollt planst, die der
pure Zufall dir zuteilwerden lässt, mit
Überraschungen, die deinen weiteren
Lebensweg unaufhaltsam prägen, mit
Missgeschicken, die für dich zur
Herausforderung werden als auch
durch Dinge, die dir mit sehr viel
Glück begegnen und sich dir als
Geschenk präsentieren.

***

Spätestens nach einem halben
Jahrhundert müsste es dem Menschen
gelungen sein mit Herz und Verstand
durchs Leben zu gehen.

***

Lebensanschauung

Eine gute Gesellschaft ist immer eine Bereicherung des Lebens.

***

Im Laufe deines Lebens
wirst du erkennen müssen,
dass du dich oftmals nur
auf dich selbst verlassen kannst
und in wichtigen Situationen
die Hilfe anderer dir gegenüber
tragisch im Sande verläuft.

Aber auch dann halte an der Devise fest:
Wenn es nicht dieser Weg sein soll,
wird es gewiss ein anderer werden,
und der wird dich auf den rechten,
erfolgreichen Pfad führen.

*****

Gedanken aus der Fülle des Lebens

Erkenntnisse

Erkenntnisse

Die Zeit, sie steht nicht still.
Sie ist unbeirrbar und unaufhaltsam
wie das Wasser, das sich seinen Weg
durch die Natur bahnt.

Gerade dieser Weg stellt das Wasser
vor Herausforderungen,
zwingt es Hürden zu meistern
auf seine ureigene Art.

Auch du meisterst deine Hürden
auf individuelle Weise im Einklang
mit dir, deinen Mitmenschen
und der Natur.

***

Ordnungssinn ist eine Gabe,
die praktisch gesehen
von reichhaltigem Nutzen ist.

***

Erkenntnisse

Je mehr du dir das Hirn
über eine Sache zermarterst,
umso ferner liegt die Lösung.

***

Im Rausch der Gefühle vergisst der
Mensch gerne seine Pflichten.

***

Lesen bereichert nicht nur die Freizeit,
vielmehr noch den Geist.

***

Gute Musik kann dir nicht nur die Zeit
vertreiben, sondern auch die schlechte
Laune.

***

Das Tragen teurer Marken ist noch
lange kein Indiz guten Geschmacks.

***

Erkenntnisse

Geld alleine macht nicht glücklich! –
Glücklich kann nur der sich schätzen,
der sich bis ans Ende seiner Tage
seine Gesundheit hat bewahren
können.

***

Die Körpergröße alleine ist nicht
ausschlaggebend um einen Menschen
zu beurteilen. Viel bedeutsamer
sind seine Ausstrahlung, sein Geist
und seine Wesensart.

***

Solange eine Rede Hand und Fuß hat,
ist sie eine wertvolle Bereicherung.

***

Der Ausklang eines Tages ist
entscheidend für den Beginn des
nächsten.

***

Erkenntnisse

Die verrücktesten Dinge die dir
widerfahren, solltest du genießen
wie ein Volltreffer im Lotto,
denn sie sind einzigartig und
geschehen selten ein zweites Mal.

***

Auch wenn es dir nicht gelingt die
Sterne vom Himmel zu holen,
betrachte sie bei sternenklarer Nacht,
dann weißt du weshalb.

***

Die Tage an denen du überaus
verrückt bist, sind einfach nur
verzaubert.

***

Erkenntnisse

Ein Unternehmen, das von lauter
Koryphäen geleitet wird, ist genauso
zum Scheitern verurteilt wie eines,
das dieses mit einem Sortiment
von Nieten versucht.

***

Überraschungen sind brillant, wenn
du gekonnt damit umzugehen weißt.

***

Ein Tag voller Pechsträhnen hat den
Nutzen, dass du den Wert der
nachfolgenden Tage umso mehr zu
schätzen weißt.

***

Erkenntnisse

Auch wenn du mit äußerster Vehemenz versuchst deinen Pflichten und deinem Schicksal zu entkommen, wirst du spätestens vor den Toren des Himmels erkennen müssen, dass du dich diesen nicht entziehen konntest.

***

Neugierde ist die Freude des einen und die Last des anderen.

***

Immer wenn ein von dir eingeschlagener Weg nicht zu Ende gegangen werden kann - akzeptiere es! Gewiss wird sich dir zu gegebener Zeit ein viel nützlicherer offenbaren.

***

Erkenntnisse

Ein Ziel ist nur dann erreichbar,
wenn dir Gedanken dies
stetig vermitteln und du dieses
in dir verankern kannst.

***

Einer, der vor sich selbst flüchtet,
hat Angst vor der Realität
und der Wahrheit.

***

Erst wenn dein Haupt
in Glanz erscheint,
erstrahlt auch deine Seele.

***

Die schönsten Überraschungen die dir
zuteilwerden, sind die, mit denen du
am wenigsten gerechnet hast.

***

Erkenntnisse

Jeder Mensch hat positive
Eigenschaften und Begabungen,
die es zu nutzen und zu fördern gilt;
sei es durch sich selbst
oder die Gabe anderer.

***

Es gibt nichts Besseres,
als mit Präzision und Kontinuität
Vorsorge zu treffen.

***

Unvollkommenheit bietet einem die
Chance an sich selber wachsen zu
können.

***

Erkenntnisse

Es ist etwas Wunderbares
Dankbarkeit empfinden zu können.
Wertvoller wird sie jedoch, wenn
du sie mit entsprechender Gebühr
offen und ehrlich auszusprechen
vermagst.

***

Besser einen guten Riecher zu haben,
als einen schlechten Duft.

***

Es schadet dir nicht, dich zeitweise
einmal von Liebgewonnenem
zu trennen. Nur so lernst du die
Wertigkeit dessen wieder zu schätzen.

***

Ein Wort kann mehr bewegen als
die größte Gabe – DANKE!

***

Erkenntnisse

Gut ist es, sein Erlerntes
schwarz auf weiß zu besitzen,
besser noch es praktisch umzusetzen
ohne es dabei an Menschlichkeit
fehlen zu lassen.

***

Die verrücktesten Ideen haben die
besten Chancen in Taten umgesetzt zu
werden.
Gerade die Verrücktheit gibt ihnen
einzig und alleine die Gelegenheit,
ausprobiert und angenommen zu
werden.

***

Jede Begegnung hat einen Sinn
und geht einen Weg.

***

Nur Offenheit und Ehrlichkeit können
dir die Tore der Welt öffnen.

***

Erkenntnisse

Wenn tief im Herzen dich etwas stark berührt, dürfen ruhig einmal Tränen fließen.

***

Bewahre dir jederzeit deine Gelassenheit und Zuversicht, denn Zwänge die du dir selbst auferlegst, führen nur in die entgegengesetzte Richtung deiner Wünsche und Ziele.

***

Die schlimmsten Bedingungen sind die, die der Mensch sich selber stellt.

***

Wer die Kunst der Körpersprache beherrscht, hat keine Sprachbarrieren.

*****

Gedanken aus der Fülle des Lebens

Humor

Humor

Ein herzhaftes Lachen ist mehr wert,
als die beste Gesundheitspille.

***

Wer in sich Frohsinn und Humor
bereithält, kann sich seiner guten
Taten gewiss sein.

***

Humor kann selbst einen Betrübten
zum Lachen bringen.

***

Witz und Originalität sind eine
Bereicherung für jede Unterhaltung.

***

Humor hat noch keinem geschadet!
Schade ist nur, dass sich seine
Ausbreitung so schwierig gestaltet.

***

Humor

Je fröhlicher du den Tag beginnst,
desto bessere Laune kannst du
verbreiten.

***

Auch Unsinn dient zur Entspannung
deiner Seele.

*****

Gedanken aus der Fülle des Lebens

Ruhm, Macht und Reichtum

Ruhm, Macht und Reichtum

Erfolg –
nehme ihn an,
so wie er sich dir zeigt.
Sei dankbar und zufrieden,
dass du ihn erreicht hast,
denn irgendwann wird sein Ende
nahen.

Erst dann zeigst du Stärke,
indem du mit Bedacht und Einsicht
dich diesem stellst.

Wer positiv auf das Gewesene
zurückblickt,
kann sich selbst vor einem
gewaltigen Fall in die Tiefe retten.

***

Nur demjenigen, der es versteht
maßvoll mit Ruhm, Ehre und
Reichtum umzugehen,
wird das Glück vergönnt sein,
aus diesen Früchte zu tragen.

***

Ruhm, Macht und Reichtum

Selbst krönt sich derjenige,
der glaubt Macht zu besitzen.
Tatsächlich gekrönt werden
nur die Menschen,
denen man Macht zutraut.
Die wahrlich Gekrönten
sind aber diejenigen,
die das Vermögen besitzen,
ihre Macht im Stillen
zu verwirklichen.

***

Fleiß ist die beste Voraussetzung
um Ansehen zu erlangen,
doch eine Hand voll Glück
darf dabei auch nicht fehlen.

***

Manch einer mit Ansehen und
Wohlstand hat durch ein
Übermaß dessen bereits den
Bezug zum Leben verloren.

***

Ruhm, Macht und Reichtum

Wahre Größe zeigen die Menschen,
die es sich trotz ihres Reichtums
zur Aufgabe gemacht haben, auch
für die Armen der Welt da zu sein.

***

Menschen, die es gewöhnt sind,
dass ihnen alles Erdenkliche
im Übermaß zu Füßen liegt,
sind diejenigen, deren
Welt völlig zusammenbricht,
wenn ihnen dieser Wohlstand
von jetzt auf gleich versagt wird.

***

Zu viel Machtstreben kehrt sich nur
allzu leicht ins Gegenteil um.

***

Ruhm, Macht und Reichtum

Der Ärmste der Armen
kann mit seinem Herzen
oftmals mehr Freude ausdrücken,
als mancher Reiche,
der sein wahres Glück
nicht zu schätzen weiß und
auszuleben vermag.

***

Bei einem Leben im Wohlstand ist es
wirklich eine Kunst ein normaler
Mensch zu bleiben.

***

Die Klügsten und Mächtigsten schaffen
es gewiss ihren Abgang glorreich
vorzubereiten.

***

Reichtum ist ein angenehmer
Lebensbegleiter, solange du den Boden
unter den Füßen behältst.

***

Unabhängig von Ruhm und Reichtum
kann nur der sich glücklich schätzen,
dem es vergönnt ist auf ein gesundes
und zufriedenes Leben
zurückzublicken.

*****

Gedanken aus der Fülle des Lebens

Alter

Alter

Das Alter schleicht sich in
kleinen Etappen heran.
So kannst du dich
in Ruhe darauf vorbereiten.

***

Auch wenn äußerlich die Fassade noch
das hält, was sie verspricht, solltest du
dein Innenleben nicht außer Acht
lassen.

***

Das Alter eines Menschen lässt sich
nicht leugnen, wohl aber pflegen.

***

Die Vergänglichkeit deiner Schönheit
kannst du im Alter mit Klugheit und
Erfahrung ausgleichen.

***

Alter

Deine Gesichtsfalten und deine Handschrift haben etwas gemeinsam, je älter du wirst, umso ausgeprägter und reifer wirken sie.

***

Falten und graue Haare sind ein Zeichen deiner Reife, Erfahrung und Weisheit.

***

Mit zunehmendem Alter steigern sich zusehends deine verrückten Taten.

***

Sport ist nicht nur eine Sache des Alters, wichtig ist, dass du ihn in gepflegtem Maße betreibst.

***

Alter

Deine grauen Haare solltest du im Alter als unablässigen Bestandteil deiner Persönlichkeit betrachten.

***

Eingefahrene Pfade zu verlassen ist im fortgeschrittenen Alter schwieriger, aber grundsätzlich nicht aussichtslos.

***

Graue Haare sind wie Sterne am Himmel; sie leuchten hervor und tragen etwas Geheimnisvolles in sich.

***

Im Alter solltest du in einem Gesicht lesen können wie in einem Buch, das eine besondere Lebensgeschichte zu erzählen hat.

***

Alter

Mit zunehmendem Alter ist es für eine
Frau überaus zweckmäßig sich eine
beeindruckende Requisite zuzulegen,
als sich einzig und alleine auf die
äußere Erscheinung zu verlassen.

***

Aktivitäten jedweder Art solltest du
lieber beizeiten nutzen, denn im
Alter wird dir noch genügend Zeit
und Muße zum Rasten verbleiben.

*****

Gedanken aus der Fülle des Lebens

Reisen

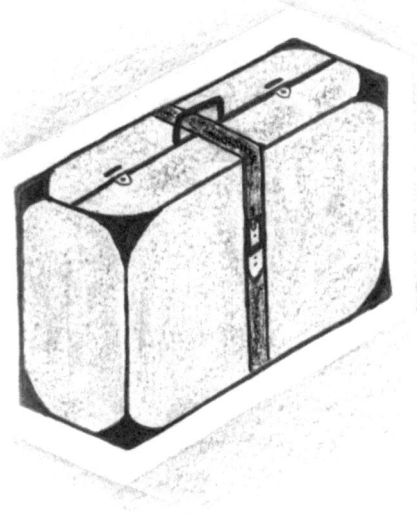

Reisen

Das Meer -
Wasser kommt und geht.

Der Strand -
vereinnahmt durch die Fülle der See;
einsam und verlassen -
mit den Gaben des Meeres.

Die Reise -
Eindrücke kommen und gehen;
Erinnerungen bleiben zurück,
mit der Fülle der Erlebnisse.

***

Reisen ist etwas Herrliches.
Du kommst mit beeindruckenden
Erlebnissen zurück, die nachhaltig
auf dich einwirken und somit
unvergesslich bleiben.

***

Reisen

Die Aufregung vor einer Reise lohnt sich alleine schon im Hinblick auf die bevorstehenden Erlebnisse.

***

Reisen hat noch niemandem geschadet, erst recht nicht der eigenen Bildung.

***

Die Reise in Traumwelten kann dich verzaubern, doch solltest du wissen, wann es an der Zeit ist zurückzukehren.

*****

Gedanken aus der Fülle des Lebens

Natur

Natur

Natur –
eines der wunderbarsten
Dinge auf Erden;
würde der Mensch
sie sanft und unberührt
in sich ruhen lassen!

***

Die Natur ist oftmals eindrucksvoller
anzublicken als das, was von
Menschenhand je erschaffen wurde.

***

Der unaufhaltsame Fortschritt in der
Welt wird sich eines Tages umkehren
und der Erde das Leben kosten.

***

Natur

Wenn die Menschheit sich mit Sinn und Verstand mehr der Natur unterordnen würde, statt sie sich gefügig zu machen, dann gäbe es auf Erden weit weniger Elend.

***

Es gibt immer noch zu viele Menschen die vergessen, dass der Planet Erde nicht nur für sie alleine erschaffen wurde und nur eingeschränkt verfügbar ist.

***

Die Natur versteht es von sich aus sorgsam mit sich umzugehen, nur die Menschheit hat dies noch nicht begriffen.

*****

Danksagung

Mit absoluter Präzision stellte Gerrit Garbereder auch in meinem zweiten Buch wieder seine professionellen Fähigkeiten unter Beweis.

Gedanken aus der Fülle des Lebens

Die Autorin

Geboren 1960
lebt mit ihrer Familie in Aachen

Mein erstes Buch

Starke Worte für starke Menschen

Die ausgewählten Aphorismen meines ersten literarischen Werkes „Starke Wort für Starke Menschen" sollen meinen Lesern aufgrund ihres Tiefgangs ein kleiner, hilfreicher Begleiter im Alltag sein.

BoD Verlag 2014
ISBN: 9-783-7347-4447-1

www.Starke-Einfaelle.de